महाकाल शनि मृत्युजय स्तोत्र

अल्पमृत्यु, अकालमृत्यु, शत्रुविमर्दन, सुख ऐश्वर्ये एवं शांति देने वाला स्त्रोत।

गुरु गौरव आर्य

ज्योर्तिविद्चार्य एवं अनुसंधानकर्ता

श्री गणेशाय नमः

ॐ गजाननं भूतगणादि सेवितं कपित्थ जम्बूफलसार भक्षितम्
उमासुतं शोक विनाशकारणं नमामि विघ्नेश्वर पादपङ्कजम् ॥

समर्पित

परम पूज्य गुरु देव

शनिर्देवता

दो शब्द

आप सभी के समक्ष प्रस्तुत करने का उद्देश्य यह है, कि आप सभी शनि देव के इस चमत्कारी स्त्रोतम को भली भांति प्रकार से समझ पाएं । शनि एक संस्कृत शब्द है। 'शनये कमति सः' जिसका अर्थ है 'अत्यन्त धीमा'। जिस कारण शनि की गति बहुत धीमी है। शनि की गति भले ही धीमी हो पर फल देने में सबसे तीव्र है। शनि देव सूर्य देव के पुत्र होने के कारण बहुत ही शक्तिशाली हैं, शनि देव का तेज़ और शक्ति देवताओं में सर्वमान्य है। शनि देव अत्याधिक क्रोधी एवं दयालु हैं। जिस कारण मानवों और देवताओ में शनि देव का डर व्याप्त है। भगवान शनि देव को न्याय का देवता माना जाता है, क्योंकि शनि देव पाप करने वालों को और अन्याय करने वालों को अपनी दशा या अंतर दशा में दण्डित करते हैं। शनि देव ऐसा इसलिए करते हैं ताकि वह प्रकृति के नियम को बनाए रखें और प्रकृति का संतुलन बना रहे। एक प्रकार से शनि देव संतुलन बनाने का कार्य करते हैं, ताकि अन्याय को समाप्त कर जीवों को न्याय दिला सकें। शनि देव के बारे में कुछ भ्रांतियां हैं। जिस कारण शनि देव को शुभ नहीं माना जाता है जो कि नितांत उचित नहीं

है। शनि देव पाप और अन्याय करने वालों को भिखारी तक बना सकते है, ताकि बुरा कर्म करने से पूर्व जीवों में भय हो और किसी पर अन्याय न हो सकें। जो कोई भी पाप के मार्ग पर चलता है भगवान शनि देव उसको कहीं भी दण्ड दे सकते हैं, चाहे वह भू-लोक हो या पाताल हो, कहा जाता है कि शनि देव के गुरु देव आदिदेव महादेव हैं। महादेव ने ही शनि देव को न्यायाधीश बनाया। इसलिए शनि देव को सर्वोच्च न्यायाधीश माना जाता हैं। शनि देव का वर्ण नील हैं, और उन्हें कलयुग का देवता माना जाता है। शनि देव का पूजन और उनकी साधना अन्य शक्तियों कि साधना से काफी पृथक है। जीव अगर सदमार्ग पर चले तो शनि देव की कुदृष्टि से बचा रह सकता हैं। क्योंकि शनि देव अन्याय के रास्ते पर चलने वाले को समय-समय पर दंडित करते रहते हैं। जो जीव और देव सही मार्ग पर चलते हैं तो शनि देव उनको उसका फल भी देते है, साथ ही ऐसे जीवों को जीवन में मान और सम्मान भी मिलता हैं। शनि देव ज्योतिष में भी अपना काफी प्रभाव रखते है, और अन्य ग्रह से ज्यादा प्रभावशील है। जब भी शनि देव की दशा या अंतर दशा जातक पर आती है, तो जातक अपने कर्म अनुसार शुभ या अशुभ फल भोगता है। शनि देव को

तीनो लोको का देव भी माना जाता है, क्योंकि शनि देव किसी को भी दण्डित करने का सामर्थ्य रखते है। शनि देव अपने भक्तों को कभी भी निराश नहीं करते हैं, और हमेशा साथ रहकर सहायता करते हैं।

शनि देव नीलम धारी हैं और शनि देव का वाहन स्वान माना जाता है। शनि देव का प्रमुख वाहन कौआ भी है। शनि चालीसा में वर्णन हैं कि-

"जब आवहिं प्रभु स्वान सवारी चोरी आदि होय डर भारी"

शनि देव की साधना या उपासना करना कोई सामान्य बात नहीं है, क्योंकि शनि देव के क्रोध और तेज़ को सहन करना कभी-कभी असंभव हो जाता है, पर कहावत है-भक्ति और विश्वास से पत्थर को भी पिघलाया जा सकता है।

शनि देव अपने भक्तों की नैय्या पार लगाते हैं, साथ ही कदम-कदम पर साथ रहकर अपने हर भक्त की सहायता भी करते हैं। अगर कोई शनि देव के भक्त की अवहेलना या अपमान भी करता है तो यह शनि देव का

अपमान माना जाता हैं, और शनि उस दुष्ट को दण्डित करते है।

“करहु जो कोई तोहे साधक अपमान, वो भरहु घोर अपमान"

नीलाम्बरः शूलधरः किरीटी गृध्रस्थितस्त्रासकरः सशस्त्रः।

चतुर्भुजो सूर्यसुतः प्रशान्तः सदास्तु मह्यं वरदोल्पगामी।।

***

लेखक परिचय

गुरु गौरव आर्य ज्योतिष के क्षेत्र में एक प्रसिद्द नाम है । गुरु सदैव प्रायसरत रहते है की सही मायने में आध्यात्मिक शक्ति क्या है? उसका ज्ञान सबको प्राप्त हो और हमारे ऋषि मुनि हमें क्या विरासत में देकर गए है उसकी खोज निरंतर करते रहते है। प्रथम श्रेणी में इंजीनियरिंग की उपाधि प्राप्त करने के उपरांत और काफी वर्षो तक इंजीनियरिंग प्रोजेक्ट्स पर कार्य करने के उपरांत वर्तमान में ऑकल्ट साइंस पर ही कार्य करते है और नयी-नयी जानकारी एकत्र करके जानकारी देते रहते है। वर्ष २०१७ में ज्योतिष श्री और वर्ष २०१८ में ज्योतिष विभूषण और २०१९ में बेस्ट एस्ट्रोलॉजर से भी प्राप्त हो चूका है। गुरु, असमान्य गतिविधियाँ और उनके कारण क्या है? उसके लिए भी जाने जाते है। साधको को अध्यात्म मार्ग का सही उपदेश देते रहते है, और भारत की इस गुप्त पद्धति को संजोकर रखने का प्रयास निरंतर कर रहे हैं। मंत्र दीक्षा और साधना विधान का ज्ञान निरंतर अपने शिष्यों को देते रहते हैं। आने वाली अपनी नवीनतम पुस्तकों के माध्यम से भी इन रहस्यों को उजागर करते रहेंगे। यन्त्र तत्त्वं, श्री शनि संहिता, आदि पुस्तकों की रचना कर चुके है।

गुरु गौरव आर्य

ज्योर्तिविद्चार्य एवं अनुसंधानकर्ता

शनि महामृत्युंजय स्तोत्र क्या है?

हर युग में मनुष्य देव और दानव अमर होने के लिए भगवान् की आराधना करते रहे है लेकिन किसी प्राणी का अमर होना तो असंभव है और 'मृ त्युंजय' शब्द का सामान्य अर्थ ही है मृत्यु पर विजय प्राप्त करना। किंतु शनि महाकाल मृत्युंजय स्तोत्र में किसी भी मनुष्य को अकाल मृत्यु, अपमृत्यु पर विजय दिलाने की एक अलौकिक शक्ति मौजूद है। शारीरिक, मानसिक कष्टों के शमन का सर्वाधिकार शनिदेव को हैं। एक समय भक्तों के कल्याणार्थ मातेश्वरी पार्वती के आग्रह पर भगवान शिव जी ने इस स्तोत्र को पार्वती जी को सुनाया और कहा कि, इस शनि महामृत्युंजय स्तोत्र के श्रद्धा-भक्ति पूर्वक नियमानुसार पाठ करने से अनुष्ठानकर्ता शनिदेव का कृपा पात्र बनकर सभी रोग, दोष से मुक्त हो जायेगा। वह सुख सम्पति, सन्तान सुख प्राप्त कर अकाल व अपमृत्यु से निर्भय रहता हुआ निष्पाप हो जाता है। अन्त में वह शनिदेव की कृपा से मोक्ष मार्ग का अनुगामी बन जाता है। आशा है, पीड़ित व्यक्ति इससे लाभ उठाने का सत्प्रयास करेंगे।

इससे केवल पारलौकिक ही नहीं सुख-सम्पत्ति विद्या, यश पारिवारिक सुख की प्राप्ति होती है। यदि नियम पूर्वक कम से

कम 11 अथवा 11 पाठ विधान पूर्वक करें या विद्वानों से करवायें और यथाशक्ति हवन और ब्राह्मण भोजन करायें तो धन-धान्य, संतति एवं विजय प्राप्ति का फल मिलता है।

शनि महामृत्युंजय स्तोत्र का पाठ कैसे करें?

पूजन समय

शनि पूजन सूर्य की उपस्थिति में नहीं किया जाता है, क्यूंकि जब शनि उठे होते है तब सूर्य उजागर नहीं होते, और जब सूर्य उजागर होते है, तो शनि कोई भी पूजन स्वीकार नहीं करते है। शनि के पूजन का सही समय केवल ब्रह्माकाल या सुबह ५.३० से ६.३० के अंदर संपन्न कर लेना चाहिए। और सबसे उत्तम समय शनि पूजन का रात्रि ९.३० से लेकर रात्रि १२ तक ही उचित होता है।

पूजन स्थान

शनि पूजन करने हेतु उचित स्थान का चयन अत्यंत आवश्यक है। वैसे तो देव कण कण में विराजमान है पर पूजन के जो उचित नियम है, उनका पालन करना अत्यंत आवश्यक है। एकांत स्थान जहां शनि प्रतिमा या पीपल का वृक्ष हो साथ ही उस स्थान पर किसी भी प्रकार का बंधन या ताला नहीं हो। स्थान ज्यादा शोर वाला नहीं हो और वहाँ अशुद्‌ता नहीं हो मांस मदिरे का सेवन उस जगह न किया जाता हो। अगर उस स्थान पर भीड़ ज्यादा हो तो भीड़ कम हो जाने के उपरांत ही पूजन करना चाहिए। जल्दबाजी में पूजन नहीं करना चाहिए। उस स्थान

पर थूकना या अन्य किसी भी प्रकार की गंदगी नहीं होनी चाहिए न ही करनी चाहिए।

- शनि मंदिर
- पीपल वृक्ष
- शमी वृक्ष
- एकांत स्थान
- शनि प्रतिमा **के समक्ष**

पूजन सामग्री

- सामान्य शनि पूजन हेतु सामग्री निम्न है:
- सरसों (कड़वा तेल) का दीपक
- ताम्र पात्र, लौह पात्र
- काले कपड़े का आसन
- काले तिल
- दही (दधि)
- इमरती या जलेबी
- कच्चा दूध
- कलावा लाल
- काला कपड़ा ८ अंगुल
- दीपक
- चतुर्बाति (कपास की चार बत्ती)
- लाल चन्दन, सफ़ेद चन्दन
- गंगा जल, जल (जलम्)
- काला चन्दन (काजल अथवा यज्ञ भस्म)

शनि पूजन हेतु वस्त्र

काले या लाल वस्त्र की धोती और भुजाओं पर कुछ भी धारण नहीं करना चाहिए न ही पीठ पर कुछ धारण करना चाहिए।

संकल्प

दाहिने हाथ में जल अक्षत और द्रव्य लेकर निम्न संकल्प मंत्र बोले

'ऊँ विष्णु र्विष्णुर्विष्णुः श्रीमद् भगवतो महापुरुषस्य विष्णोराज्ञया प्रवर्त्तमानस्य अद्य श्री ब्रह्मणोऽह्नि द्वितीय परार्धे श्री श्वेत वाराह कल्पै वैवस्वत मन्वन्तरे अष्टाविंशतितमे युगे कलियुगे कलि प्रथमचरणे भूर्लोकि जम्बूद्वीपे भारत वर्षे भरत खंडे आर्यावर्तान्तर्गतैकदेंशे ---*--- नगरे ---**--- ग्रामे वा बौद्धावतारे विजय नाम संवत्सरे श्री सूर्ये दक्षिणायने वर्षा ऋतौ महामाँगल्यप्रद मासोत्तमे शुभ भाद्रप्रद मासे .... पक्षे ... तिथौ भृगुवासरे .....नक्षत्रे .... योगे .... करणे ... राशि स्थिते चन्द्रे ... राशि स्थिते सूर्य ....राशि स्थिते देवगुरौ शेषेषु ग्रहेषु च यथा यथा राशि स्थान स्थितेषु सत्सु एवं ग्रह गुणगण विशेषण विशिष्टायाँ चतुर्थ्याम् शुभ पुण्य तिथौ --+-- गौत्रः --++-- अमुक दासो ऽहं मम आत्मनः श्रीमन् शनि महामृत्युंजय स्त्रोत ११ दिवस पठन करिष्ये।

" इसके पश्चात् हाथ का जल किसी पात्र में छोड़ देवें।

पूजन स्थान पर चतुर्बात्ति का दीपक लोह/ताम्र पात्र में जलाये और काले आसान पर बैठ जाये। शनि देव को दही से स्नान कराये और जल से स्नान कराये (विधि श्री शनि संहिता में देखें) गंगा जल से स्नान कराएं,

चन्दन लगाए, भस्म का तिलक करे, और स्वयं को भी लगाए. काला वस्त्र समर्पित करें। इमरती का भोग लगावे।

महाकाल शनि मृत्युंजय स्तोत्र

ॐ महाकाल शनि मृत्युंजयाय नमः।

नीलाद्रि शोभाद्विचत दिव्य मूर्तिः

खड्गी त्रिादण्डी शरचाप हस्तः।

शम्भूर्महाकाल शनि
पुरारिर्जयत्यशेषासुर नाशकारी ॥1॥

नीले पर्वत जैसी शोभा वाले दिव्य मूर्ति, खड्गधारी, त्रिदंडी, धनुषवाण वाले साक्षात शम्भु, महाकाल, शनि, पुरारी अशेष तथा समस्त असुरों का नाश करने वाले वे देव (शिव) सदा विजयी होते हैं।

मेरुपृष्ठे समासीनं सामरस्ये स्थितं
शिवम्।
प्रणम्य शिरसा गौरी पृच्छतिस्म
जगध्दितम् ॥2॥

सुमेर पर्वत के पृष्ठ में समासीन सामरस्य में स्थित जगत का हित करने वाले भगवान शिव को सिर झुकाकर प्रणाम करती हुई माता पार्वती ने पूछा।

पार्वत्युवाच

भगवन! देवदेवेश!

भक्तानुग्रहकारक!

अल्पमृत्युविनाशाय यत्तवया पूर्व

सूचितम् ॥3॥

तदेव त्वं महाबाहो! लोकानां

हितकारकम्।

तव मूर्ति प्रभेदस्य महाकालस्य

साम्प्रतम् ॥4॥

पार्वती ने कहा – हे भगवन्! देवाधिदेव! भक्तों पर अनुग्रह करने वाले! अल्प मृत्यु के शमन के लिए आपने जो पहले सूचित किया है, हे महाबाहो! वही लोकहित का कारक है। महाकाल की मूर्ति भेद ही प्रेरक है।

शनेर्मृत्युञ्जयस्तोत्रं ब्रूहि मे नेत्रजन्मनः।
अकाल मृत्युहरणमपमृत्यु निवारणम् ॥५

नेत्रों से उत्पन्न मृत्यु को जीतने वाले शनि का स्तोत्र बताओ। यह अकाल मृत्यु को नष्ट करता है और अल्प आयु का निवारण करता है|

शनिमन्त्रप्रभेदा ये तैर्युक्तं यत्स्तवं शुभम्।
प्रतिनाम चथुर्यन्तं नमोन्तं मनुनायुतम् ॥६

शनि के मन्त्रो के जो भेद हैं, उनसे युक्त जो स्तव है, उस शुभदायक प्रत्येक (मनुयुक्त) नाम को चतुर्थी पर्यन्त मेरा नमस्कार है।

॥श्रीशंकर उवाच॥

नित्ये प्रियतमे गौरि सर्वलोक-
हितेरते।
गुह्याद्‌गुह्यतमं दिव्यं
सर्वलोकोपकारकम् ॥७

श्री महेश्वर बोले – समस्त लोक के कल्याण में परायण रहने वाली हे प्रिये! गौरि! यह शनि मृत्युंजय स्तोत्र अत्यधिक दिव्य और सब जनों का उपकार करने वाला है।

शनिमृत्युञ्जयस्तोत्रं प्रवक्ष्यामि तवऽधुना।
सर्वमंगलमांगल्यं सर्वशत्रु विमर्दनम्
॥८

मैं तुमसे शनि मृत्युंजय स्तोत्र को अब कहता हूँ। वह स्तोत्र सब मङ्गलो को करने वाला और सब शत्रुओ का दमन करने वाला है।

सर्वरोगप्रशमनं सर्वापद्विनिवारणम्।
शरीरारोग्यकरणमायुर्वृध्दिकरं नृणाम्॥9॥

यह स्तोत्र सब मनुष्यों के रोगों का शमन करने वाला, आपत्तियों का निवारण करने वाला, शरीर को आरोग्य देने वाला और आयुवृध्दि करने वाला है।

यदि भक्तासि मे गौरी गोपनीयं प्रयत्नतः।

गोपितं सर्वतन्त्रेषु तच्छ्रणुष्व महेश्वरी! ॥१०

हे गौरि! यदि मेरी भक्त हो तो हे शिवे! सब तन्त्रो में गुप्त और प्रयत्न पूर्वक गोपनीय रखे जाने वाले उस स्तोत्र को सुनो।

विनियोगः

ॐ अस्य श्री महाकाल शनि मृत्युञ्जय स्तोत्र मन्त्रस्य पिप्लाद ऋषिरनुष्टुप्छन्दो महाकाल शनिर्देवता शं बीजं मायसी शक्तिः

काल पुरुषायेति कीलकं मम अकाल अपमृत्यु निवारणार्थे पाठे विनियोगः।

श्री गणेशाय नमः।

अस्य................ पाठे विनियोग' दायें हाथ में जल लेकर उक्त मन्त्र पढ़कर जल नीचे छोड़ें।

ऋषिन्यासं करन्यासं देह न्यासं समाचरेत्।

महोग्रं मूर्घ्नि विन्यस्य मुखे वैवस्वतं न्यसेत् ॥११

तब ऋषिन्यास, करन्यास, देहन्यास की क्रियायें करें। सिर पर महोग का न्यास करके मुख में वैवस्वत का न्यास करें।

गले तु विन्यसेन्मन्दं बाह्वोर्महाग्रहं न्यसेत्।

हृदि न्यसेन्महाकालं गुह्ये कृशतनुं न्यसेत् ॥१२

गले में मन्द का विन्यास करें व भुजाओं में महाग्रह का न्यास करें। हृदय में महाकाल का न्यास करें, गुह्य इन्द्रिय में कृशतनु का न्यास करें।

जान्वोम्तूडुचरं न्यस्य पादयोस्तु शनैश्चरम्।

एवं न्यासविधि कृत्वा पश्चात् कालात्मनः शनेः ॥१३

जाँघों में नक्षत्राचारी और पैरों में शनैश्चर का न्यास करना चाहिये।

इस प्रकार न्यास विधि सम्पन्न करने के बाद में कालात्मा शनि का (ध्यान करें)

न्यासं ध्यानं प्रवक्ष्यामि तनौ श्यार्वा पठेन्नरः।

कल्पादियुगभेदांश्च करांगन्यासरुपिणः ॥१४

शरीर में (हृदय में) महेश्वर का ध्यान कर न्यासध्यान को बताता हूं। करांगन्यास रूप से उसके भी कल्पादि के अनुसार भेद हैं।

कालात्मनो न्यसेद् गात्रे मृत्युञ्जय! नमोऽस्तु ते।

मन्वन्तराणि सर्वाणि महाकालस्वरुपिणः ॥१५

मृत्युंजय नाम से नमस्कार करते हुए कालात्मा शनि का शरीर में ध्यान करना चाहिए। वह महाकाल रूपी शनि सब मन्वंतरों में व्याप्त सर्वांग में न्यास करें।

भावयेत्प्रति प्रत्यंगे महाकालाय ते नमः।
भावयेत्प्रभवाद्यब्दान् शीर्षे कालजिते नमः ॥१६

अतः महाकाल शनि की ही प्रीतिपूर्वक प्रत्येक अंग में भावना करनी चाहिए तथा प्रभवादि वर्षों की भावना शिर में करता हुआ उन कालजित को नमन करें।

नमस्ते नित्यसेव्याय विन्यसेदयने भ्रुवोः।

सौरये च नमस्तेऽतु

गण्डयोर्विन्यसेद्दतून् ॥१७

भ्रुवों में नित्यसेवनीय देव रूप उन देव को नमस्कार है, इस प्रकार न्यास करें। हे सौरि! आपको नमस्कार है, इस प्रकार गन्डस्थलों (कपोलों) में न्यास करें।

श्रावणं भावयेदक्ष्णोर्नमः कृष्णनिभाय च।

महोग्राय नमो भार्दं तथा

श्रवणयोर्न्यसेत् ॥१८

काले बाल वाले देव को प्रणाम है श्रावण को आँखों में विन्यास करना चाहिए। महान ग्रह शनि आपको नमस्कार है भाद्र को कानो मै विन्यास करना चाहिए।

नमो वै दुर्निरीक्ष्याय चाश्विनं विन्यसेन्मुखे।
नमो नीलमयूखाय ग्रीवायां कार्तिकं न्यसेत् ॥१९

क्रूर स्वामी रूपी (शनि) को नमस्कार है _ इस प्रकार मुख में आश्विन का न्यास करें। नीले किरणों वाले आपको नमस्कार है _ इस प्रकार ग्रीवा (कण्ठ) में कार्तिक का विन्यास करना चाहिए।

मार्गशीर्ष न्यसेद्-बाह्वोर्महारौद्राय ते नमः।
ऊर्द्धलोक-निवासाय पौषं तु हृदये न्यसेत् ॥२०

हे महारौद्र, आपको नमस्कार है _ इस प्रकार भुजाओं में मार्गशीर्ष का विन्यास करें। उर्ध्वलोकवासी (आपको नमस्कार है) _ इस प्रकार हृदय में पौष को धारण करें।

नमः कालप्रबोधाय माघं वै चोदरेन्यसेत्।
मन्दगाय नमो मेढ्रे न्यसेद्वैफाल्गुनं तथा ॥२१

श्री कालबोधाय नमः' कहकर उदर में माघ को न्यास करें। 'श्री मन्दगाय नमः' कहकर लिंग में फाल्गुन का विन्यास करें।

ऊर्वोर्न्यसेच्चैत्रमासं नमः शिवोऽस्भवाय च।
वैशाखं विन्यसेज्जान्वोर्नमः संवर्त्तकाय च ॥२२

शिवोऋताय नमः' मन्त्र से जंघाओं के ऊपरी भाग में चैत्रामास का न्यास करें।'संवर्तकाय नमः' मन्त्र से वैशाख का घुटनों में विन्यास करना चाहिए।

जंघयोर्भावयेज्ज्येष्ठं भैरवाय नमस्तथा।

आषाढ़ं पाद्योश्चैव शनये च नमस्तथा ॥२३

भैरवाय नमः' मंत्र से जाँघों में ज्येष्ठ का न्यास करें तथा 'शनये नमः' से पैरों में आषाढ़ का न्यास करना चाहिये।

कृष्णपक्षं च क्रूराय नमः

आपादमस्तके।

न्यसेदाशीर्षपादान्ते शुक्लपक्षं ग्रहाय

च ॥२४

क्रूराय नमः' मंत्र से पैरों से लेकर मस्तक में कृष्ण पक्ष और 'ग्रहाय नमः' से मस्तक से लेकर पैरो तक शुक्ल पक्ष का न्यास करें।

नयसेन्मूलं पादयोश्च ग्रहाय शनये

नमः।

नमः सर्वजिते चैव तोयं सर्वांगुलौ

न्यसेत् ॥२५

पुनः 'शनये नमः' से पैरों में मूल का न्यास करें तथा 'सर्वजिते नमः' मन्त्र से एँगुलियों में जल का न्यास करना चाहिए।

न्यसेद्-गुल्फ-द्वये विश्वं नमः

शुष्कतराय च।

विष्णुभं भावयेज्जंघोभये शिष्टतमाय

ते ॥२६

'शुष्कतराय नमः' द्वारा दोनों गुल्फों में सम्पूर्ण विश्व का न्यास तथा पुनः दोनों जंघाओं में अत्यन्तशिष्ट विष्णु की भावना करें।

जानुद्वये धनिष्ठां च न्यसेत् कृष्णरुचे

नमः।

ऊरुद्वये वारुणींन्यसेत्कालभृते नमः

॥२७

उसी प्रकार पुनः दोनों घुटनों में 'कृष्णरुचे नमः' मन्त्र से धानिष्ठा का न्यास करना चाहिये

फिर दोनों जांघों के ऊपर भाग में 'कालभृते नमः' मंत्र से शतभिषा का न्यास करना चाहिए

पूर्वभाद्रं न्यसेन्मेढ्रे जटाजूटधराय च।
पृष्ठउत्तरभाद्रं च करालाय नमस्तथा ॥२८

पूर्वभद्रा को श्रोणि पर 'जटाजूटधराय नमः' मंत्र से न्यास करना चाहिए और 'करालाय नमः' मंत्र से पीठ पर उत्तर भाद्रपदा का न्यास करना चाहिए।

रेवतीं च न्यसेन्नाभो नमो मन्दचराय च।
गर्भदेंशे न्यसेद्दस्त्रं नमः श्यामतराय च ॥२९

मन्दचराय नमः' से रेवती का नाभि में न्यास तथा 'श्यामतराय नमः' मन्त्र से गर्भ देश (स्थान) में अश्विनी का न्यास करें।

नमो भोगिस्त्रजे नित्यं यमं स्तनयुगे न्यसेत्।

न्येसत्कृत्तिकां हृदये नमस्तैलप्रियाय च ॥३०

भोगिस्त्रजे नमः' _ इस मन्त्र से स्तनद्वय में यम (भरणी) को तथा हृदय में 'तेलप्रियाय नमः' से कृतिका का विन्यास करें।

रोहिणीं भावयेद्धस्ते नमस्ते खड्गधारीणे।

मृगं न्येसतद्वाम हस्ते

त्रिदण्डोल्लसिताय च ॥३१

खड्गधारिणे नमः' से हाथ में रोहिणी की तथा 'त्रिादण्डोल्लासिताय नमः' मन्त्र से वामहस्त में मृगशिरा (मृग) की धारणा करें।

दक्षोर्द्ध्व भावयेद्रौद्रं नमो वै

बाणधारिणे।

पुनर्वसुमूर्द्ध्व नमो वै चापधारिणे

॥३२

पुनः 'बाणधारिणे नमः' मन्त्र से दक्षिण स्कन्ध पर आद्र्रा नक्षत्रा की धारणा तथा इसी से पुनः पुनर्वसु की धारणा करनी चाहिए।

तिष्यं न्यसेद्दक्षबाहौ नमस्ते हर मन्यवे।

सार्पं न्यसेद्वामबाहौ चोग्रचापाय ते नमः ॥३३

हर मन्यवे नमः' कहकर बाहु में पुष्य की धारणा करें तथा वाम बाहु में आश्लेषा (सार्पं) का 'उग्रचापाय नमः' से न्यास करें।

मघां विभावयेत्कण्ठे नमस्ते भस्मधारिणे।

मुखे न्यसेद्-भगर्क्षं च नमः क्रूरग्रहाय च ॥३४

कण्ठ में 'भस्मधारिणें नमः' से मघा नक्षत्रा की भावना करें तथा मुख में 'क्रूरग्रहाय नमः' से भगर्च (पूर्वाफाल्गुनी) का न्यास करें।

भावयेद्दक्षनासायामर्यमाणश्च योगिने।
भावयेद्वामनासायां हस्तर्क्षं धारिणे
नमः ॥३५

योगिने नमः' से दक्षिण नासिका में उत्तराफाल्गुनी का न्यास करें तथा वाम नासिका में 'धारिणे नमः' मन्त्र से हस्त नक्षत्रा का न्यास करें।

त्वाष्ट्रं न्यसेद्दक्षकर्णे कृसरान्न प्रियाय
ते।
स्वातीं न्येसद्वामकर्णे नमो बृह्ममयाय
ते ॥३६

'ब्रह्मणाय नमः' मंत्र से चित्रा का दक्षकर्ण में न्यास करें तथा 'बृह्ममयाय नमः' मंत्र से बाएं कर्ण में स्वाति का न्यास करें।

विशाखां च दक्षनेत्रे नमस्ते ज्ञानदृष्टये।
विष्कुम्भं भावयेच्छीर्षेसन्धौ कालाय ते नमः ॥३७

दक्षनेत्रा में 'ज्ञान दृष्टये नमः' मन्त्र से विशाखा का न्यास करना चाहिये।

'कालाय नमः' मंत्र से शीर्ष सन्धि में विष्कुंभ का न्यास करना चाहिये।

प्रीतियोगं भ्रुवोः सन्धौ महामन्दं! नमोऽस्तु ते।
नेत्रयोः सन्धावायुष्मद्योगं भीष्माय ते नमः ॥३८

भ्रुवों की संधि में प्रीतियोग का 'महामन्दाय नमः' से न्यास करें।

नेत्रो की संधि में 'भीष्माय नमः' मंत्र से आयुष्मान् योग धारणा करें।

सौभाग्यं भावयेन्नासासन्धौ

फलाशनाय च।

शोभनं भावयेत्कर्णे सन्धौ पिण्यात्मने

नमः ॥३९

'फलाशनाय नमः' से नासिका की संधि में सौभाग्य की धारणा करें।

कर्ण सन्धि में शोभन का 'पुण्यात्मने नमः' मन्त्र से भावना करें

नमः कृष्णयातिगण्डं हनुसन्धौ

विभावयेत्।

नमो निर्मांसदेंहाय सुकर्माणं शिरोधरे ॥४०

ठोडी की संधि में 'कृष्णाय नमः' से अतिगण्ड योग की धारणा करें।

'निर्मांसदेंहाय नमः' मंत्र से सुकर्मा योग को सर के ऊपर धारण करें।

धृतिं न्यसेद्दक्षवाहौ पृष्ठे छायासुताय च।

तन्मूलसन्धौ शूलं च न्यसेदुग्राय ते नमः ॥४१

'छाया सुताय नमः' मंत्र से धृति योग को दाहिने हाथ की पीठ पर धारण करने चाहिए। 'अग्राय नमः' से मूल सन्धि में शूल योग का न्यास करें।

तत्कूर्परे न्यसेदगण्डे नित्यानन्दाय ते नमः।

वृद्धिं तन्मणिबन्धे च कालज्ञाय नमो न्यसेत् ॥४२

कर्पूर स्थान में 'नित्याननाय नमः' मन्त्र से गण्ड योग का न्यास करना चाहिये। 'कालज्ञाय नमः' मंत्र से वृद्धि योग को कलाई पर धारण करना चाहिए

ध्रुवं तदङ्गुली-मूलसन्धौ कृष्णाय ते नमः।

व्याघातं भावयेद्वामबाहुपृष्ठे कृशाय च ॥४३

ध्रुव योग को उंगली की जड़ के जोड़ पर 'कृष्णाय नमः" मंत्र से धारण करना चाहिए। बायीं भुजा के पिछले भाग पर 'कृशाय नमः' मंत्र से व्याघात योग धारण करना चाहिए।

हर्षणं तन्मूलसन्धौ भुतसन्तापिने नमः।
तत्कूर्परि न्यसेद्वज्रं सानन्दाय नमोऽस्तु ते ॥४४

भूत सन्तापिने नमः' मंत्र से मूलसन्धि में ही हर्षण योग का तथा 'आनन्दाय नमः' से कर्पूर स्थान में ही वज्र योग का न्यास करें।

सिद्धिं तन्मणिबन्धे च न्यसेत् कालाग्नये नमः।

व्यतीपातं कराग्रेषु न्यसेत्कालकृते नमः ॥४५

'कालाग्नये नमः' कहकर मणिबन्ध में सिध्दि योग तथा कराग्र में व्यतिपात योग की 'कालकृते नमः' से भावना करें।

वरीयांसं दक्षपार्श्वसन्धौ कालात्मने नमः।

परिघं भावयेद्वामपार्श्वसन्धौ नमोऽस्तु ते ॥४६

कालात्मने नमः' मन्त्र से दक्षपार्श्व सन्धि स्थान में वरीयान् योग की तथा वामपार्श्वसन्धि में उसी मन्त्र से परिघ योग का न्यास करें।

न्यसेद्दक्षोरुसन्धौ च शिवं वै कालसाक्षिणे।

तज्जानौ भावयेत्सिद्धिं महादेंहाय ते नमः ॥४७

आंखों की संधि में शिव योग को 'कालसाक्षिणे नमः' मन्त्र से तथा 'महादेहाय नमः' से घुटनों में सिध्दि योग की भावना करें।

साध्यं न्यसेच्च तद्-गुल्फसन्धौ घोराय ते नमः।

न्यसेत्तदंगुलीसन्धौ शुभं रौद्राय ते नमः ॥४८

गुल्फ सन्धि में 'घोराय नमः' से साध्य की तथा एँगुलियों की सन्धि में शुभ योग की 'रौद्राय नमः' मंत्र से धारणा करें।

न्यसेद्वामारुसन्धौ च शुक्लकालविदें नमः।

ब्रह्मयोगं च तज्जानो न्यसेत्सद्योगिने नमः ॥४९

बायीं जांघ के जोड़ों में शुक्ल योग की 'कालविदे नमः' मन्त्र से तथा घुटनों में 'सूयोगिने नमः' मंत्र से ब्रह्म योग की धारणा करें।

ऐन्द्रं तद्-गुल्फसन्धौ च

योगाऽधीशाय ते नमः।

न्यसेत्तदंगुलीसन्धौ नमो भव्याय

वैधृतिम् ॥५०

उसी प्रकार गुल्फ सन्धि में 'योगाधीशाय नमः' मन्त्रा से ऐन्द्र योग की तथा एँगुलि संन्धि में ही वैधृति का 'भव्याय नमः' मन्त्रा से न्यास करें।

चर्मणि बवकरणं भावयेद्यज्वने नमः।

बालवं भावयेद्रक्ते संहारक!

नमोऽस्तु ते ॥५१

'यज्वते नमः' मन्त्रा से चर्म में बव करण की भावना करें तथा 'भव्याय नमः' से रक्त में वालव योग और नाभि में वैधृति योग की धारणा करें।

कौलवं भावयेदस्थ्नि नमस्ते

सर्वभक्षिणे।

तैत्तिलं भावयेन्मसि आममांसप्रियाय

ते ॥५२

'सर्वभक्षिणे नमः' से अस्थियों में कौलव की धारणा करें। मांस में तैतिल की 'आममांसिप्रियाय नमः' से भावना करें।

गरं न्यसेद्वपायां च सर्वग्रासाय ते नमः।

न्यसेद्वणिजं मज्जायां सर्वान्तक! नमोऽस्तु ते ॥५३

वसा में गर करण की 'सर्वग्रासाय नमः' से धारणा करें तथा मज्जा में वणिक् करण की सर्वान्तकाय नमः मन्त्रा से भावना करें।

विर्येविभावयेद्विष्टिं नमो मन्यूग्रतेजसे।

रुद्रमित्र! पितृवसुवारीण्येतांश्च पञ्च च ॥५४

वीर्य में 'मन्यूग्रतेजसे नमः' मन्त्रा से विष्टि योग की और रुद्र, सूर्य, पितर, वसु, और वारि इन पाँचों की भी भावना करनी चाहिये।

मुहूर्तांश्च दक्षपादनखेषु भावयेन्नमः।

खगेशाय च खस्थाय खेचराय

स्वरुपिणे ॥५५

दक्षिण चरण नखों में मुहूर्तों की भावना करें तथा वाम चरण नखों में पुरुहूतों (देवों) की धारणा करें।

पुरुहूतशतमखे विश्ववेधो-विधूंस्तथा।

मुहूर्तांश्च वामपादनखेषु भावयेन्नमः

॥५६

दक्षिण चरण नखों में मुहूर्तों की भावना करें तथा वाम चरण नखों में पुरुहूतों (देवों) की धारणा करें।

सत्यव्रताय सत्याय नित्यसत्याय ते

नमः।

सिद्धेश्वर! नमस्तुभ्यं योगेश्वर! नमोऽस्तु ते ॥५७

सत्यव्रत, सत्यस्वरूप, नित्यशाश्वत आपको नमस्कार है। हे सिध्देश्वर! आपको नमस्कार है। हे योगेश! बार-बार नमस्कार है।

वह्निनक्तंचरांश्चैव वरुणार्यमयोनकान्। मुहूर्तांश्च दक्षहस्तनखेषु भावयेन्नमः ॥५८

वह्निरूप चरों वायु, वरुण, यम तत्वों और काल की दक्षिण हाथ के नखों में भावना करनी चाहिए।

लग्नोदयाय दीर्घाय मार्गिणे दक्षदृष्टये।
वक्राय चातिक्रूराय नमस्ते वामदृष्टये ॥५९

लग्नोदय, दीर्घ, मार्गी, दक्षदृष्टि, वक्र, अतिक्रूर, वामदृष्टि (आदि नामों से प्रसिध्द) देव शनि को प्रणाम है।

वामहस्तनखेष्वन्त्यवर्णेशाय नमोऽस्तु ते।
गिरिशाहिर्बुध्न्यपूषाजपष्द्दस्त्रांश्च भावयेत् ॥६०

वामहस्त, नखेश, अन्त:वर्ण, ईश आपको प्रणाम है। गिरीश, अहिर्बुध्य, पूषा और अश्विनी का चरण की जप पूर्वक भावना करनी चाहिये।

राशिभोक्त्रे राशिगाय

राशिभ्रमणकारिणे।

राशिनाथाय राशीनां फलदात्रे

नमोऽस्तु ते ॥६१

राशिभुक्त, राशिग, राशिभ्रमणकारी और राशियो के नाथ और राशिफल दाता नामों वाले आपको नमस्कार है।

यमाग्नि-चन्द्रादितिजविधातृंश्च

विभावयेत्।

ऊर्द्ध्व-हस्त-दक्षनखेष्वत्यकालाय ते

नमः ॥६२

यम, अग्नि, चन्द्र, अदिति, कवि, धाता आदि की उर्ध्व हस्त, दक्षिण नखों में 'अन्यत् कालाय नमः' मन्त्रा से भी धारणा करनी चाहिये।

तुलोच्चस्थाय सौम्याय

नक्रकुम्भगृहाय च।

समीरत्वष्टजीवांश्च विष्णु तिग्म

द्युतीन्नयसेत् ॥६३

तुला में उच्चस्थ और मकर-कुंभ राशियों में सौम्य रहने वाले समीर रूप, अष्ट जीवांश, विष्णु, तिर्यक् और उन्मत्ता की भावना करनी चाहिये।

ऊर्ध्व-वामहस्त-नखेष्वन्यग्रह

निवारिणे।

तुष्टाय च वरिष्ठाय नमो राहुसखाय च

॥६४

उर्ध्व वाम हस्त में अन्य ग्रहों का निवारण करने वाले हेतु राहु के सखा, संतुष्ट, वरिष्ठ आपको नमस्कार है _ मंत्र से नमन करें।

रविवारं ललाटे च न्यसेद्-भीमद्दशे नमः।
सोमवारं न्यसेदास्ये नमो मृतप्रियाय च ॥६५

ललाट में 'भीमद्दशे नमः' मंत्र से रविवार को और सोमवार में 'जीवस्वरूपिणे शान्ति नमः' मन्त्रा से न्यास करें।

भौमवारं न्यसेत्स्वान्ते नमो ब्रह्म-स्वरुपिणे।
मेढ्रं न्यसेत्सौम्यवारं नमो जीव-स्वरुपिणे ॥६६

भौमवार और महान शान्त रूप 'मृतप्रियाय नमः' मन्त्रा से न्यास करना चाहिये तथा बुधवार को मेदा में स्थिति 'जीवस्वरूपिणे नमः' से न्यास करें।

वृषणे गुरुवारं च नमो मन्त्र-

स्वरुपिणे।

भृगुवारं मलद्वारे नमः प्रलयकारिणे

॥६७

गुरुवार को वृषण स्थान में 'मन्त्रास्वरपिणे नमः' से और भृगुवार को मलद्वार में 'प्रलयकारिणे नमः' मंत्र से न्यास करें।

पादयोः शनिवारं च निर्मांसाय

नमोऽस्तु ते।

घटिका न्यसेत्केशेषु नमस्ते

सूक्ष्मरुपिणे ॥६८

'निर्मांसाय नमो' से पादों में शनिवार के दिन और 'सूक्ष्मरूपिणे नमः' मन्त्रा से केशों में घटिका का न्यास करना चाहिये।

कालरुपिन्नमस्तेऽस्तु

सर्वपापप्रणाशकः!।

त्रिपुरस्य वधार्थाय शम्भुजाताय ते

नमः ॥६९

हे कालरूप, सभी पापों के नाश करने वाले, मैं आपको नमन करता हूं।

त्रिपुरा को मारने के उद्देश्य से भगवान शंभु से पैदा हुए आपको नमन

नमः कालशरीराय कालनुन्नाय ते

नमः।

कालहेतो! नमस्तुभ्यं कालनन्दाय वै नमः ॥७०

साक्षात् काल शरीर आपको नमस्कार है। हे काल के हेतुभूत! आपको नमन है। कालपुत्रा! आपको नमस्कार है।

अखण्डदण्डमानाय त्वनाद्यन्ताय वै नमः।

कालदेवाय कालाय कालकालाय ते नमः ॥७१

हे अखण्डदण्डधारी, आदि-अन्त रूप आपको नमस्कार है। कालदेव, कालों के भी महाकाल आपको नमस्कार है।

निमेषादिमहाकल्पकालरुपं च भैरवम्।

मृत्युञ्जयं महाकालं नमस्यामि शनैश्चरम् ॥७२

जो निमेष, आदिमहाकल्प, कालरूप भैरव हैं, मृत्युंजय, महाकाल और शनैश्चर हैं, मैं प्रणाम करता हूँ।

दातारं सर्वभव्यानां भक्तानामभयंकरम्।

मृत्युञ्जयं महाकालं नमस्यामि शनैश्चरम् ॥७३

सब ऐश्वर्यों के दाता, भक्तों के भय को नष्ट करने वाले या अभय करने वाले मत्युंजय, महाकाल, शनैश्चर को मैं प्रणाम करता हूँ।

कर्त्तारं सर्वदुःखानां दुष्टानां भयवर्धनम्।

मृत्युञ्जयं महाकालं नमस्यामि शनैश्चरम् ॥७४

दुष्टों के लिए सब दु:खों के कर्ता और भयवर्धन करने वाले मृत्युंजय, महाकाल, शनैश्चर देव को मैं प्रणाम करता हूँ।

हर्त्तारं ग्रहजातानां फलानामघकारिणाम्।

मृत्युञ्जयं महाकालं नमस्यामि शनैश्चरम् ॥७५

ग्रह जातकों के पाप फलों के अधिकारी, मृत्युंजय महाकाल, शनिदेव को मैं प्रणाम करता हूँ।

सर्वेषामेव भूतानां सुखदं

शान्तमव्ययम्।

मृत्युञ्जयं महाकालं नमस्यामि

शनैश्चरम् ॥७६

सब प्राणियों के लिए सुखदायक, शान्तिदायक भव्य मृत्युंजय,

महाकाल शनिदेव को मैं प्रणाम करता हूँ।

कारणं सुखदुःखानां भावाऽभाव-

स्वरुपिणम्।

मृत्युञ्जयं महाकालं नमस्यामि

शनैश्चरम् ॥७७

भाव अभाव रूपी सुख दुखों के कारण, मृत्युंजय, महाकाल

शनैश्चरदेव को मैं नमन करता हूँ।

अकाल-मृत्यु-हरणऽमपमृत्यु निवारणम्।

मृत्युञ्जयं महाकालं नमस्यामि शनैश्चरम् ॥७८

अकाल मृत्यु का हरण करने वाले, अपमृत्यु का निवारण करने वाले मृत्युंजय, महाकाल शनिदेव को मैं प्रणाम करता हूँ।

कालरुपेण संसार भक्षयन्तं महाग्रहम्।

मृत्युञ्जयं महाकालं नमस्यामि शनैश्चरम् ॥७९

कालरूप से संसार का भक्षण करने वाले महाग्रह मृत्युंजय महाकाल, शनिदेव को मैं प्रणाम करता हूँ।

दुर्निरीक्ष्यं स्थूलरोमं भीषणं दीर्घ-
लोचनम्।
मृत्युञ्जयं महाकालं नमस्यामि
शनैश्चरम् ॥८०

देखने में भयंकर, बहुत लम्बे और मोटे रोम वाले भीषण, दीर्घ लोचन, मृत्युंजय, महाकाल शनिदेव को मैं प्रणाम करता हूँ।

ग्रहाणां ग्रहभूतं च सर्वग्रह-
निवारणम्।
मृत्युञ्जयं महाकालं नमस्यामि
शनैश्चरम् ॥८१

ग्रहो के ग्रह और सभी ग्रहो का निवारण करने वाले मृत्युंजय, महाकाल शनिदेव को मैं प्रणाम करता हूँ।

कालस्य वशगाः सर्वे न कालः कस्यचिद्वशः।
तस्मात्त्वां कालपुरुषं प्रणतोऽस्मि शनैश्चरम् ॥८२

काल के वश में सब जन हैं, काल किसी के वश में नहीं है। ऐसे उन कालपुरूष शनिदेव को मैं नमन करता हूँ।

कालदेव जगत्सर्वं काल एव विलीयते।
कालरुपं स्वयं शम्भुः कालात्मा ग्रहदेवता ॥८३

काल से ही सारा जग है और काल में ही विलीन हो जाता है। स्वयं शंकर भी काल रूप हैं। ग्रह देवता सब काल आत्मा हैं।

चण्डीशो रुद्रडाकिन्याक्रान्तश्चण्डीश उच्यते।

विद्‌युदाकलितो नद्यां समारुढो रसाधिपः ॥८४

चंडीश, रुद्र, डाकिनी से आक्रान्त होने पर चंडीश कहा जाता है। जिनकी दिव्य चकाचौंध युक्त तरंग नदी में समाहित हो कर, रुद्र भी रसमय हो जाता है.

चण्डीशः शुकसंयुक्तो जिह्वया ललितः पुनः।

क्षतजस्तामसी शोभी स्थिरात्मा विद्‌युता युतः ॥८५

चंडीश शुक से संयुक्त होकर जिह्वा से सुन्दर हो जाता है। इन चंडीश के क्षतज, तामसी, शोभी, स्थिरात्मा, विद्युत युक्त आदि अनेक नाम हैं।

नमोऽन्तो मनुरित्येष शनितुष्टिकरः शिवे।

आद्यन्तेऽष्टोत्तरशतं मनुमेनं जपेन्नरः ॥८६

हे शिवे, यह शनि सन्तुष्टिकारक है। आदि से अन्त तक एक सौ आठ नाम वाले इन मनु रूप शनि देव का निरन्तर जप करना चाहिये।

यः पठेच्छ्रणुयाद्वापि ध्यात्त्वा सम्पूज्य भक्तितः।

त्रस्य मृत्योर्भयं नैव शतवर्षावधिप्रिये!

॥८७

वह जो पढ़ता या सुनता है, ध्यान करता है और भक्ति के साथ

पूजा करता है।

सौ वर्ष तक मृत्यु का भय नहीं रहता, प्रिये!

ज्वराः सर्वे विनश्यन्ति दद्रु-

विस्फोटकच्छुकाः।

दिवा सौरिं स्मरेत् रात्रौ महाकालं

यजन् पठेत ॥८८

सब ज्वर, दर्द, फोड़े इससे विनष्ट हो जाते हैं। दिन में सौरि (शनि) का स्मरण करें और रात्रि में महाकाल का पूजन करें। और इस मंत्र का जाप करना चाहिए

जन्मर्क्षे च यदा

सौरिर्जपेदेंतत्सहस्त्रकम्।

वेधगे वामवेधे वा जपेदर्द्धसहस्त्रकम्

॥८९

जब शनि जन्म राशि में हो तो एक सहस्त्रा, यदि वेध करता है या वामवेध में है तो आधा सहस्त्र जप करते रहना चाहिये।

द्वितीये द्वादशे मन्दे तनौ वा

चाष्टमेऽपि वा।

तत्तद्राशौ भवेद्यावत्

पठेत्तावद्दिनावधि ॥९०

द्वितीय व द्वादश भावस्थ होने या मन्द होने पर या तनु (प्रथम) स्थान में या अष्टम भाव में होने पर यह जब तक उन राशियों में रहता है, उस अवधि तक यह पढ़ते रहना चाहिये।

चतुर्थे दशमे वाऽपि सप्तमे नवपञ्चमे।
गोचरे जन्मलग्नेशे दशास्वन्तर्दशासु च ॥९१

चतुर्थ में, दशम में, सप्तम में नवम तथा गोचर में जन्म लग्नेश होने पर या अन्तर्दशा में हो तब,

गुरुलाघवज्ञानेन पठेदावृत्तिसंख्यया।
शतमेकं त्रयं वाथ शतयुग्मं कदाचन ॥९२

अधिक, कम ज्ञान से जैसे भी हो, उस अवधि के बीतने तक इस स्तोत्र को यथाशक्ति एक सौ, तीन सौ या दो सौ पाठ करना चाहिये।

आपदस्तस्य नश्यन्ति पापानि च जयं भवेत्।

महाकालालये पीठे ह्यथवा जलसन्निधौ ॥९३

जो इस पाठ का जप करता है उसकी आपत्तियाँ नष्ट होती हैं। पाप नष्ट हो जाते हैं और जय की होती है। महाकाल के मन्दिर में सिध्द पीठ में या जल तीर्थ सरोवर में,

पुण्यक्षेत्रेऽश्वत्थमूले तैलकुम्भाग्रतो गृहे।

नियमेनैकभक्तेन ब्रह्मचर्येण मौनिना ॥९४

घर में तेल के बर्तन के सामने एक अश्वत्थ वृक्ष की तलहटी में एक पवित्र स्थान में नियमितता से, एकांगी भक्ति से, ब्रह्मचर्य से और मौन से,

श्रोतव्यं पठितव्यं च साधकानां सुखावहम्।

परं स्वस्त्ययनं पुण्यं स्तोत्रं मृत्युञ्जयाभिधम् ॥९५

यह सुखकारक स्तोत्र सुनना और पढ़ना चाहिए। परम कल्याणकारी यह स्तोत्र मृत्युंजय सूचक है।

कालक्रमेण कथितं न्यासक्रम समन्वितम्।
प्रातःकाले शुचिर्भूत्वा पूजायां च निशामुखे ॥९६

यह कालानुक्रमिक क्रम में बताया गया है और न्यासक्रम से समन्वित है।
प्रात:काल शुद्ध होकर रात्रि के प्रारंभ में पूजा करनी चाहिए

पठतां नैव दुष्टेभ्यो व्याघ्रसर्पादितो भयम्।
नाग्नितो न जलाद्वायोर्देशे देंशान्तरेऽथवा ॥९७

इसे पढ़ने वाले बाघ और सांप जैसे दुष्टों से नहीं डरेंगे, और न अग्नि, न जल, न वायु, न देश, न विदेश में ही भय होता है।

नाऽकाले मरणं तेषां नाऽपमृत्युभयं भवेत्।

आयुर्वर्षशतं साग्रं भवन्ति चिरजीविनः ॥९८

वे न तो असमय मरेंगे और न वे मृत्यु से डरेंगे
वे कुल मिलाकर सौ साल जीते हैं और लंबे समय तक जीते हैं।

नाऽतः परतरं स्तोत्रं शनितुष्टिकरं महत्।

शान्तिकं शीघ्रफलदं स्तोत्रमेतन्मयोदितम् ॥९९

शनि को तृप्त करने वाला इससे बड़ा कोई मंत्र नहीं है।
यह स्तोत्र जो मैंने कहा है वह शांतिपूर्ण है और तत्काल फल देता है।

तस्मात्सर्वप्रयत्नेन यदीच्छेदात्मनो हितम्।
कथनीयं महादेंवि! नैवाभक्तस्य कस्यचित् ॥१००

इस प्रकार सब प्रयत्न से यदि आत्म कल्याण चाहते हो, तो हे महादेवी! यह किसी अभक्त से कथनीय नहीं है।

॥ इति मार्तण्ड-भैरव-तन्त्रे महाकाल-शनि-मृत्युञ्जय-स्तोत्रं सम्पूर्णम् ॥

यह मार्तण्ड -भैरव-तंत्र में महाकाल-शनि-मृत्युंजय का पूरा स्तोत्र है।

महाकाल-शनि-मृत्युञ्जय-स्तोत्रं एक अत्यंत ही चमत्कारी स्त्रोत है। इसके सुनने मात्र से ही अकाल मृत्यु और शनि संकट समाप्त हो जाता है। स्त्रोत का सही से विधान और शुद्ध उच्चारण ही इसका मूल है।

एक प्रयोग के अनुसार शनि-मृत्युञ्जय-स्तोत्रं में वो शक्ति है जो अकाल मृत्यु को भी टाल देती है। मृत्यु शय्या पर लेटे मनुष्य में भी प्राण डालने की शक्ति शनि-मृत्युञ्जय-स्तोत्रं में है।

शनि-मृत्युञ्जय-स्तोत्रं का पाठ ८ शनिवार पूर्ण रूप से करके किसी पूजित एकांत पीपल वृक्ष के नीचे बैठ कर जाप करें और चार गोले (नारियल फल, श्री फल) में शक़्कर भर कर पेड़ के नीचे दबा दें, और ताम्र पात्र से जल देंवे तो शनि देव की साढ़े साती में हो रहा कष्ट तुरंत ही आराम देता है। किये हुए पाप का व्याखान करके शनि देव से क्षमा मांगनी चाहिए, और भविष्य में ऐसा अपराध न करने का संकल्प लेना चाहिए।